Katrin Moser (Diplomtheologin, Heilpraktikerin für Psychotherapie)

Dr. Guido Kopp (Magister Psychologie und Kommunikation, Heilpraktiker für Psychotherapie)

© 2016
Herstellung und Verlag: BoD – Books on Demand, Norderstedt.
ISBN: 978374303115

Inhalt und Layout

Friesisches Institut für
Weiterbildung und Therapie
info@fiwt.de
Alte Poststraße 14
26553 Dornum

Vervielfältigung und öffentliche Nutzung nicht gestattet.

Inhaltsverzeichnis

I. Umschriebene Entwicklungsstörungen	S. 1
a. Sprachentwicklungsstörungen	S. 1
b. Legasthenie und Rechenstörung	S. 5
c. Motorische Störungen	S. 10
d. Leitfaden bei umschriebenen Entwicklungsstörungen	S. 11
II. Aufmerksamkeitsdefizit-/Hyperaktivitätsstörung	S. 12
III. Autismus-Spektrum-Störungen	S. 18
IV. Störungen des Sozialverhaltens	S. 29
V. Traumatisierung	S. 36
i. Bindungsstörung	S. 36
ii. Allgemein	S. 39
iii. Sonderfall: Sexueller Missbrauch bei Kindern und Jugendlichen	S. 42
VI. Schulverweigerung	S. 47
VII. Hochbegabung	S. 48
VIII. Cyber-Mobbing	S. 49

Literatur

Anhang

I. Umschriebene Entwicklungsstörungen

- Bezeichnet besonders Teilleistungsstörungen, die nur einzelne Bereiche betreffen, es liegen ansonsten keine weiteren Störungen wie zum Beispiel Intelligenzminderung vor
- Je früher die Störung erkannt wird, umso günstiger sind Verlauf und Prognose

a. Sprachentwicklungsstörungen (F80.0 bis F80.2)

1. Fallbeispiel

Ich falle tief und finde keinen Halt,
Ich schreie, doch es ist keiner da, der mich hört.
Ich habe Angst, doch keiner nimmt sie mir ab.
Ich will frei sein, keine Gefangene mehr.
Bitte hilf mir, von Angst und Hass kann ich mich nicht befreien.
Um mich rum ist nur Wasser, kein bisschen Land in Sicht.
Ich versuche zu schwimmen, doch lang halten kann ich mich nicht.
Ich suche nach einem Schiff, doch es ist keiner da, der mich sieht.
Bitte hilf mir, lange schwimmen kann ich nicht mehr.
Ich bin in einem Abgrund, der so heiß ist wie die Hölle,
und alleine komme ich da nicht raus.
Um mich rum ist nur Feuer, das mich hoffnungslos verbrennt.
Ich versuche, zu entkommen, doch alleine schaffe ich es nicht.
Bitte hilf mir, alleine schaffe ich es nicht.

Selbst geschriebenes Gedicht einer jungen Frau mit einer Sprachentwicklungsstörung (Artikulationsstörung), deutlich überdurchschnittlicher Grundintelligenz

2. Klassifikation
- Zeitlich und inhaltlich nicht altersentsprechende Entwicklung der sprachlichen Fähigkeiten eines Kindes
- Bis zu einem Alter von 36 Monaten spricht man bei mehr als sechsmonatigen Rückstand der Sprachentwicklung von einer Sprachentwicklungsverzögerung.

3. **Symptome**

   ### a. *Artikulationsstörung (F80.0)*
   - Babysprache
   - Auslassungen
   - Verzerrungen
   - Lallen, Stammeln
   - Lispeln (Sigmatismus)
   - Weitere Lautbildungsstörungen
   - Probleme in der Schule
   - Problem im sozialen Umfeld

   ### b. *Expressive Sprachstörung (F80.1)*
   - Störung der Ausdrucksfähigkeit
   - Normales Sprachverständnis
   - Probleme in der Schule
   - Probleme im sozialen Umfeld

   ### c. *Rezeptive Sprachstörung (F80.2)*
   - Sprachverständnis stark reduziert
   - Reagiert nicht auf Namen (erstes Jahr) und leichte Anweisungen
   - Kein Verständnis grammatikalischer Konstruktionen (wie Fragen, Verneinungen, Vergleiche, etc.)
   - Häufig auch emotionale Störung

4. **Begleitsymptome**
   - Psychische Auffälligkeiten bei etwa 50 Prozent der Kinder → Ängste, Depressionen, motorische Unruhe, eingeschränkte Konzentrationsfähigkeit
   - Wichtig: Die Begleiterscheinungen müssen separat therapeutisch behandelt werden → sonst chronische Entwicklung. Es ist nur schwer zu ermitteln, inwiefern sich die Entwicklungsstörungen und die Begleiterscheinungen gegenseitig bedingen. Eine erfolgreiche Therapie der psychischen Auffälligkeiten führt in der Regel nicht automatisch zu einer Linderung der Sprachentwicklungsstörung und umgekehrt.

5. Häufigkeit

- Artikulationsstörungen: zwei bis sieben Prozent
- Expressive Störung: fünf Prozent
- Rezeptive Störung: drei Prozent
- Jungen sind etwa zwei bis drei Mal häufiger betroffen.

6. Diagnostik
- Diagnose erst ab dem zweiten Lebensjahr; falls bis zum achten Monat keine Lautaktivität vorhanden → Testung auf Hörstörung
- Ab dem 24. Monat sollten Zwei-Worte-, ab dem 36. Monat deutliche Mehr-Wort-Sätze verwendet werden.
- Abklärung beim Kinderarzt, bei Verdacht ggf. Überweisung zu einem Facharzt für Phoniatrie und Pädaudiologie
- Kostenträger: Krankenkasse

7. Differenzialdiagnostik
- Intelligenzminderung
- Hörschäden
- Autistische Störung
- Beachtung von Zweisprachigkeit und familiäre Besonderheiten
- Traumatisierung

8. Therapie
- Therapiegrundsatz: die sprachlichen Kommunikationsprozesse erhöhen → sprachfördernd!
- Logotherapie → empirisch abgesichert und anerkannt
- Angeleitete Eltern und Betreuer können ähnlich gute Ergebnisse erzielen
- Umfeldbezogene Maßnahmen

9. Medikamentöse Therapie
- Eventuell nur bei komorbiden Störungen (unabhängiger Begleitsymptomatik)

10. Kommunikationsregeln

- So viel wie möglich sprachlich mit dem Kind aktiv sein.
- Anpassung an das Sprachniveau des Kindes
- Vorlesen
- Geschichten frei erzählen
- Erlebtes vom Kind berichten lassen
- Auf positive und ungestörte Atmosphäre achten
- Kritik vermeiden
- Verbesserungen – wenn überhaupt – nur indirekt und konstruktiv

b. Legasthenie (F81.0) und Dyskalkulie (F81.2)

1. Klassifikation
- Legasthenie ist *„definiert als die umschriebene Beeinträchtigung beim Erlernen des Lesens und Rechtschreibens, die sich nicht wesentlich durch das Entwicklungsalter, andere internistisch-neurologische Beeinträchtigungen oder nicht hinreichende Beschulung erklären lässt."* (Remschmidt et al., 2008)
- Rechenstörung (Dyskalkulie) ist eine *„umschriebene Beeinträchtigung beim Erwerb der Rechenfähigkeit. Es bestehen deutliche Schwächen in den Grundrechenarten."* (Koeslin, 2007)
- Vorsicht: Legasthenie ist eine Entwicklungsstörung und wird auch als Lese-Rechtschreib-<u>Störung</u> bezeichnet, LRS hingegen ist die Abkürzung für eine Lese-Rechtschreib-<u>Schwäche</u>, die sich mit der Zeit legen wird. (Achtung: In manchen schulischen Erlassen der Bundesländer ist es entscheidend für den Umfang des Nachteilsausgleichs, ob eine Lese-Rechtschreib-Störung oder –Schwäche vorliegt.)

2. Symptome

Legasthenie
- Schwierigkeiten, das Alphabet aufzusagen
- Fehler in der Reihenfolge (Verdrehen von Buchstaben, z. B. udn/und oder atl/alt)
- Fehler beim Vorlesen (Pausen, Auslassungen, Reihenfolge verdreht)
- Fehler bei Regeln (G/K, Dehnungen, Dopplungen)
- Lautgetreues Schreiben (z. B. „Fuks" statt „Fuchs")
- Gestörtes Leseverständnis → Gelesenes kann nicht wiedergegeben werden.
- Inkonstantes Schreiben des gleichen Wortes, z. B. „Anker", „Anka", „anka", etc.

Dyskalkulie
- Rechenleistung liegt deutlich unter Intelligenzniveau und altersgerechter Erwartung
- Gestörtes Zahlenbewusstsein
- Relationen von Zahlen zueinander können nicht erfasst werden
- Probleme beim Einmaleins

3. Begleitsymptome

- Emotionale Störungen
- Hyperkinetische Störungen (= ADHS), bei Dyskalkulie rund 40 Prozent betroffen
- Störung des Sozialverhaltens (vor allem bei Legasthenie)
- Depressivität

4. Ursachen bei beidem
- Keine eindeutig nachweisbare Ursache
- Hinweise auf genetische Faktoren: familiäre Häufigkeiten wurden beobachtet (bei 40 bis 50 Prozent mit Legasthenie ist auch ein Elternteil oder Geschwister betroffen).

5. Verlauf bei beidem
- Die Störung nimmt in den meisten Fällen einen chronischen Verlauf.
- Milieu und weitere Störungen können sich zusätzlich negativ auf den Verlauf auswirken.

6. Häufigkeit bei beidem
- Kinder: Legasthenie: fünf bis sechs Prozent; Dyskalkulie: zwischen einem und sechs Prozent
- Erwachsene: Legasthenie: sechs Prozent
- Jungen sind bei der Legasthenie zwei bis viermal häufiger betroffen als Mädchen, bei der Dyskalkulie ist das Verhältnis ausgeglichen.
- Folgen der Legasthenie: Im Längsschnitt sind niedrigere Schulabschlüsse zu erwarten. Im Erwachsenenalter ist die Arbeitslosenrate etwa sechs Mal höher.

7. Diagnostik bei beidem

- Standardisierte Testverfahren
- Intelligenztestungen
- Eigen-, Familien- und Fremdanamnese
- Familiäre Auffälligkeiten (siehe II.b.vi.)
- Zu Legasthenie: Ab der zweiten Klasse: Betrachtung der Schulnoten im Diktat (meist „mangelhaft" oder „ungenügend")
- Vorschulische Besonderheiten (wie Störungen der Sprachentwicklung)
- Beachtung der Diskrepanz zwischen den Schulnoten im Deutschunterricht (besonders im Diktat) und den Noten in anderen Schulfächern
- Mündliche Leistungen häufig besser als schriftliche Prüfungen
- Zeugnisnoten aus den Grundschuljahren geben zusätzlich Aufschluss
- Diagnostik durch Ärzte für Kinder- und Jugendpsychiatrie und -psychotherapie, Kinder- und Jugendpsychotherapeuten oder (nur Legasthenie) Diplom-Psychologen

8. Differenzialdiagnostik bei beidem
- Falsche Beschulung
- Ausschluss von körperlich neurologischen und psychologischen Erkrankungen
- Hirnschädigung
- Intelligenzminderung
- Eingeschränktes Hör- und/oder Sehvermögen

9. Therapie bei beidem

- Gezielte, individuelle Schulungsprogramme durch Fachleute
- Tempo der Förderung vom Lernfortschritt abhängig machen
- Hilfsnetzwerk (Remschmidt)
  1. Elternhaus
  2. Schulbehörde
  3. Schule
  4. Jugendhilfe bzw. Jugendamt
  5. Ambulante Versorgung (z. B. in Erziehungsberatungsstellen)
  6. Ambulante und teilstationäre Versorgung in der Kinder- und Jugendpsychiatrie
- Multimodaler Ansatz. Zu beachten sind:
  1. Alter und soziale Umfeld des Kindes
  2. Form der Störung (isolierte Lese- bzw. Rechtschreibstörung)
  3. Schweregrad
  4. Begleitende Symptome
  5. Schulische Umfeld (Förderunterricht, Nachteilsausgleiche)

10. Weiterführende Informationen

- Beides ist nicht als Krankheit bei den Krankenkassen geführt.
- Kostenträger bei Therapien und Förderprogrammen sind Schulen und Behörden bzw. das Jugendamt
- Laut § 35a SGB VIII haben alle Eltern Anspruch auf Unterstützung, sobald eine drohende oder bereits bestehende seelische Behinderung vorliegt. Legasthenie ist ein möglicher Auslöser für solch eine seelische Behinderung. Eltern sollten sich nicht scheuen, die vom Gesetzgeber eingerichteten Unterstützungsangebote zu beantragen.
- Laut Erlasslage ist Dyskalkulie nicht vorgesehen, um im Verfahren des Nachteilsausgleichs berücksichtigt zu werden. Alternative: Notenschutz für Mathematik und ggf. Physik, um die Schullaufbahn nicht allein durch Dyskalkulie zu gefährden.
- Weitere Informationen gibt der Bundesverband für Legasthenie und Dyskalkulie

11. Nachteilsausgleich und LRS-Erlass

- <u>LRS-Erlass</u> kommt zur Anwendung, wenn der Schüler in Klasse 3 bis 7 im Lesen und Schreiben hinter der alterstypischen Entwicklung zurückbleibt und/oder wenn die Schwierigkeiten bis Klasse 7 bis 10 nicht behoben werden konnten. Nach Klasse 10 ist mit dem LRS-Erlass keine weitere Förderung möglich, hier gilt auf weiterführenden Schulen dann APO-GOSt.
- Hilfen nach Erlasslage können **im Sinne (!) eines Nachteilsausgleiches** geschehen und/oder **Abweichungen von den allgemeinen Grundsätzen der Leistungsbewertung** beinhalten
- Förderung mittels des LRS-Erlasses ist Aufgabe und Verantwortung der einzelnen Schulen, ein seitens der Schule festgestellter Leistungsrückstand reicht aus, um eine Förderung zu ermöglichen
- Zur Anerkennung als LRS-Schüler bedarf es keiner ärztlichen Diagnostik, ausschlaggebend ist das **dokumentierte, massive** und **langanhaltende** Leistungsdefizit innerhalb der Schule.
- <u>Nachteilsausgleiche</u> dienen dazu, Nachteile, die durch eine **Behinderung, chronische Erkrankungen** und/oder **sonderpädagogischen Förderbedarf** entstehen, auszugleichen. Hierbei können zeitliche, räumliche, technische oder personelle Hilfsmittel zur Verfügung gestellt werden.
- Maßnahmen der Nachteilsausgleiche werden nicht in das Zeugnis aufgenommen
- Nachteilsausgleiche beinhalten keine Abweichungen von allgemeinen Grundsätzen der Leistungsbewertung.
- Bei Nachteilsausgleichen im Abitur liegt die Entscheidungskompetenz bei der Bezirksregierung.

c. Motorische Störungen (F82.0 bis F82.9)

1. Klassifikation

- Schwerwiegende Entwicklungsbeeinträchtigung der motorischen Koordination; kann nicht allein durch Intelligenzminderung oder eine neurologische Störung erklärt werden.

2. Symptome
- Motorische Koordination schwächer, als sie nach Alter und Intelligenz sein sollte
- Allgemeine Ungeschicklichkeit, Schreibprobleme, Verzögerungen beim Erreichen motorischer Meilensteine

3. Begleitsymptome
- Psychosoziale Folgen, die Erkrankungen nach sich ziehen können (Depressionen, u. Ä.)
- Häufig auch ADHS vorliegend

4. Verlauf
- Deutliche Störungen bis ins Erwachsenenalter möglich

5. Diagnostik
- Standardisierte Testverfahren

6. Therapie
- Physiotherapie (verbessert Bewegungsstörungen und Körperwahrnehmung, ehemals Krankengymnastik)
- Ergotherapie (gezielte Übung von Alltagsfertigkeiten)
- Mototherapie (stärkt durch Bewegungserfahrungen den Selbstwert, die Emotionalität und das Sozialverhalten)

c. Leitfaden bei umschriebenen Entwicklungsstörungen

- Differenzierte Diagnostik anraten
- Beobachtung und schriftliches Festhalten der Symptomatik
- Therapie mit klaren Zielvorgaben und Einbindung der Eltern
- Förderung so früh wie möglich
- Psychosoziale Folgestörungen beachten
- Begleitsymptome beachten, ggf. Behandlung anraten
- Therapie mit klaren Zielvorgaben und Einbindung der Eltern (mehrjährige unkontrollierte und am tatsächlichen Problem vorbeigehende Therapien sind oft unwirksam)
- So früh wie möglich mit Förderung beginnen
- Schreiben immer wie ein Musikinstrument üben
- Psychosoziale Folgestörungen im Blick haben
- Begleitsymptome und Komorbiditäten beachten und ggf. zur Behandlung raten.
- Eltern zur aktiven Mitarbeit ermutigen
- Eltern ermutigen, Hilfe in Anspruch zu nehmen (Beratung, Selbsthilfegruppe u. Ä.)
- Ggf. Nachteilsausgleich beantragen
- *„Eine Behandlung ist aber nicht bei jedem Kind erforderlich. Insbesondere wenn es dem Kind, den Angehörigen und den Pädagogen gelingt, sich weniger auf die Defizite als auf die vorhandenen Fähigkeiten zu konzentrieren und wenn der Lebensstil der Familie viele Möglichkeiten bietet, Bewegungserfahrungen zu erwerben, kann auf eine formale Therapie, v. a. bei Störungen der Großmotorik, verzichtet werden. Die Teilnahme an Sport- und Spielgruppen kann hier bei guter Motivation ausreichend sein."* (Remschmidt)

Notizen

II. Aufmerksamkeitsdefizit-/Hyperaktivitätsstörung (F90.0)

1. **Definition**
   - Neurologische, <u>angeborene</u> Funktionsstörung
   - Probleme mit der Aufmerksamkeit, Impulsivität und Hyperaktivität
   - Unterscheidung von zwei Typen: das stille, verträumte, in sich selbst abgelenkte Kind (= **A**ufmerksamkeits**d**efizit**s**törung, ADS) und das laute, impulsive, hyperaktive Kind (= **A**ufmerksamkeits**d**efizit-**H**yperaktivitätsstörung, ADHS)

2. **Symptome**
   - Unaufmerksamkeit
   - Hyperaktivität (nur bei ADHS)
   - Impulsivität
   - Mangel an Ausdauer bei Beschäftigungen, die kognitiven Einsatz verlangen
   - Tendenz, Tätigkeiten nicht zu Ende zu bringen und häufig von einem zum anderen zu wechseln
   - Desorganisierte, mangelhaft regulierte und überschießende Aktivität
   - Achtlosigkeit (erhöhte Unfallgefahr)
   - Distanzlosigkeit
   - Mangel an Vorsicht und Zurückhaltung

3. **Begleitsymptome**
   - Angststörung (zehn bis 40 Prozent)
   - Depressive Störung (neun bis 32 Prozent)
   - Somatisierungsstörung (24 bis 35 Prozent)
   - Oppositionelle Störung (20 bis 67 Prozent)
   - Störung des Sozialverhaltens (20 bis 56 Prozent)

4. Ursachen

- genetische Disposition
- Psychosoziale Umweltfaktoren können lindernd oder verstärkend wirken
- Störung der Neurotransmitter

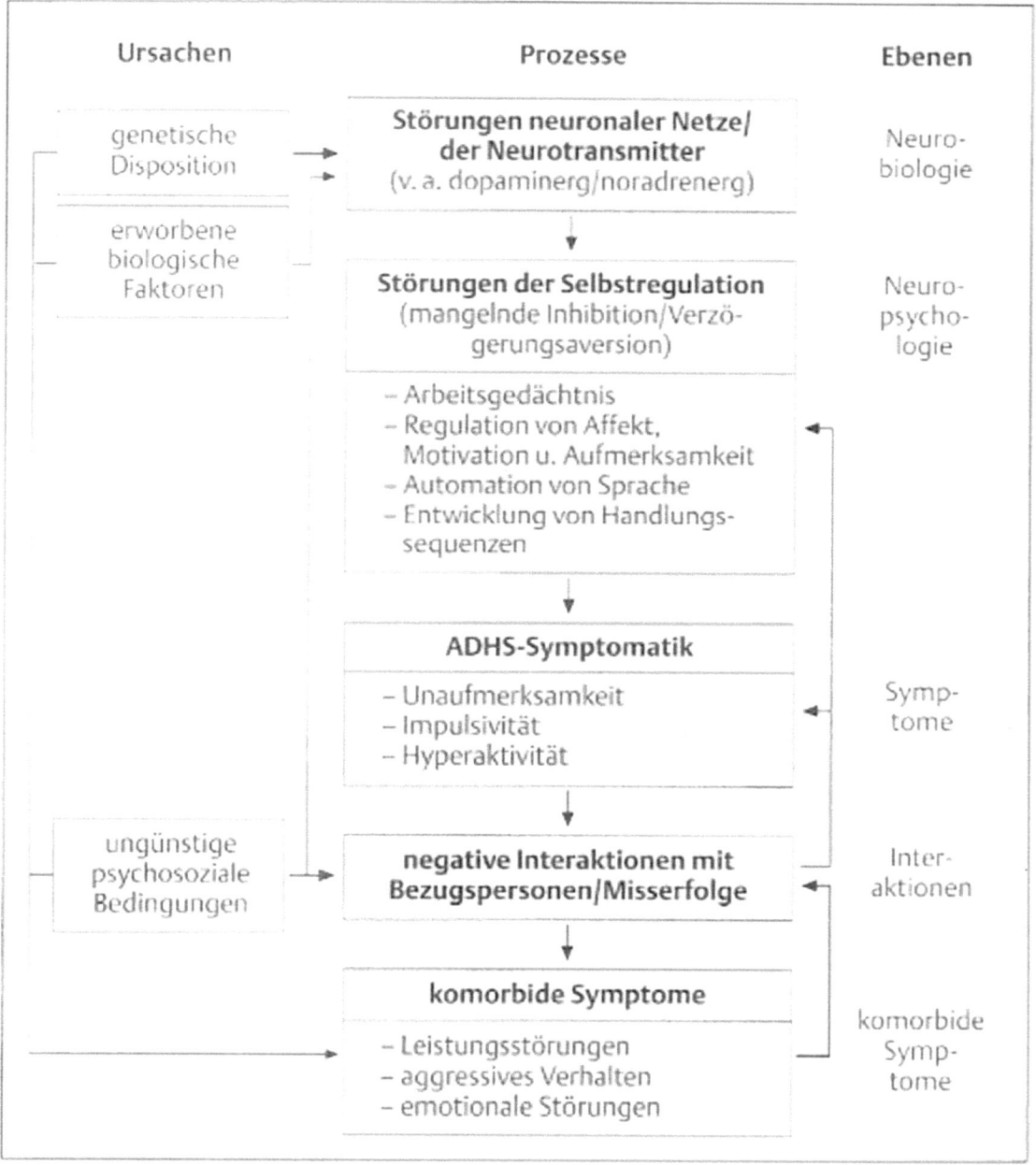

Quelle: Remschmidt, Mattejat, Warnke; Therapie psychischer Störungen bei Kindern und Jugendlichen; Georg-Thieme-Verlag 2008, S. 218

5. Verlauf

- Früher Beginn, meist in den ersten fünf Lebensjahren
    a. *Säugling und Kleinkindalter*: hohes psychophysiologisches Aktivitätsniveau, ungünstige Temperamentsmerkmale (Schlaf- und Essprobleme, gereizte Stimmung) und negative Eltern-Kind-Interaktion
    b. *Vorschulalter*: Hyperaktivität, geringe Spielintensität und -dauer, Defizite in der Entwicklung, oppositionelles Verhalten
    c. *Grundschulalter*: Unruhe und Ablenkbarkeit im Unterricht, Lernschwierigkeiten, Teilleistungsstörungen, Umschulungen und Nichtversetzungen, aggressives Verhalten (30 bis 50 Prozent), Ablehnung durch Gleichaltrige, Selbstwertprobleme
    d. *Jugendalter*: Verminderung der motorische Unruhe, Aufmerksamkeitsstörungen bleiben in der Regel erhalten, Aggressionen, dissoziales Verhalten (30 Prozent), Alkohol-/Drogenmissbrauch, emotionale Auffälligkeiten
    e. *Erwachsenenalter*: Symptome bleiben erhalten (bei etwa 30 bis 60 Prozent), geringe Schulbildung, dissoziale Persönlichkeitsstörung (15 bis 30 Prozent)

6. Häufigkeit

- In Deutschland sind etwa fünf Prozent der Kinder und Jugendlichen zwischen drei bis 17 Jahren betroffen.
- Bei Jungen etwa viermal häufiger diagnostiziert als bei Mädchen

7. Diagnostik

- Eigen-, Familien- und Fremdanamnese
- Körperliche und neurologische Untersuchung
- Leistungs- und Intelligenztest, Test auf Teilleistungsschwächen
- Erstverdacht beim Kinder- oder Hausarzt abklären lassen, danach unbedingt Überweisung zu einem Facharzt für Kinder- und Jugendpsychiatrie, Psychosomatik und Psychotherapie
- Medikation mit Methylphenidat (Ritalin) sollte <u>ausschließlich</u> nach einer genauen Diagnostik (inklusive Blutbild, EKG, etc.) und nur in Begleitung einer multimodalen Therapie und engmaschiger ärztlicher Kontrolle erfolgen

8. Differenzialdiagnostik
- Traumatisierung
- Autismus-Spektrum-Störung
- Störungen des Sozialverhaltens
- Aggressive Störung
- Organisch: Fehlfunktion der Schilddrüse

9. Was passiert da eigentlich im Kopf?
- „Ich darf nicht vergessen, morgen den Turnbeutel einzupacken, der liegt neben der *roten* Tasche – *ob Mama wohl Erdbeeren gekauft hat? Sie wollte ja Kuchen für den* **Besuch** *backen* – **ob Tante Ingrid wohl lange bleibt? Vielleicht bekomme ich ein Geschenk, das wäre toll.** – Am liebsten mag ich die Matchbox-Autos, da fehlt mir noch das mit den Flammen. - Papa sagte, dass wir am Sonntag vielleicht grillen, ich werde fragen, ob ich Tom mitbringen darf. Ich rufe ihn gleich mal an, ob er kommen mag."
- Vergessen ist der Turnbeutel. Wahrscheinlich auch am nächsten Tag…

10. Therapie
   ### a. Nichtmedikamentöse Therapie
   - Multimodale Therapie häufig wirksamste Methode
   - Aufklärung und Beratung der Eltern und Erzieher/Lehrkräfte
   - Elterntraining und Intervention in der Familie
   - Intervention in Kindergarten und Schule
   - Kognitive Verhaltenstherapie zur Verminderung von impulsiven und unorganisierten Aufgabenlösungen

   ### b. Medikamentöse Therapie
   - Wirkstoff erster Wahl: Methylphenidat
   - Kurzzeitwirkung über einige Stunden, Alternative: Retard-Produkte
   - Einstellung und Wirkung sollte engmaschig von Arzt/Therapeut, Eltern und Lehrer überwacht werden
   - Immer zusammen mit Therapie/Training
   - Eventuelle komorbide Erkrankungen vorrangig therapieren

11. Unerwünschte Wirkungen durch Methylphenidat

- Starker Gewichtsverlust
- Lethargie und Apathie
- Extreme Müdigkeit, teils bis zum Einschlafen (spricht für Überdosis)
- Gesteigerte Hyperaktivität (klares Indiz **gegen** ein AD(H)S)
- Depressiver Rebound, sobald Wirkung nachlässt
- Tachykardien
- Starkes Schwitzen
- Studien zeigen, dass Methylphenidat eine latent vorhandene Epilepsie antriggern kann

12. Ressourcen

- Positive Zuschreibungen: sensibel, neugierig, ausgeprägter Gerechtigkeitssinn, phantasievoll
- Positive Eigenschaften: Ideenreichtum, künstlerische Kreativität, Begeisterungsfähigkeit, Hilfsbereitschaft

13. Leitfaden Beratung und Umgang

a. Didaktische Leitsätze im Unterricht

- Unterricht so stimulierend wie möglich gestalten
- Schüler aktiv in den Unterricht einbinden
- Komplexe Aufgabenstellungen auf wichtigste Kernanforderungen zurückführen
- Möglichst viele Verhaltensroutinen für den Schüler entwickeln
- Unmittelbare und eindeutige Rückmeldungen auf Beiträge oder Verhaltensweisen des Schülers, auch kleine Fortschritte loben
- Kritische Unterrichtsübergänge sind im Voraus zu planen
- Arbeitsplatz für den Schüler sorgsam auswählen, um ihn nicht erhöhter Ablenkbarkeit auszusetzen
- Überlegen, ob spezielle Anleitungen für den Schüler sinnvoll sind, damit er sich besser selbst organisieren kann
- Mit allen Schülern gemeinsam allgemeingültige Regeln gegen Störverhalten erarbeiten und mit sofortigen Konsequenzen verbinden
- Bewegungsdrang des Schülers kanalisieren und in sinnvolle Tätigkeiten einbinden

b. Leitlinien für den Umgang mit AD(H)S-Kindern

- Das Kind als hilfsbedürftig und nicht nur als störend und böswillig erkennen
- Auf eindeutige, unmissverständliche Kommunikation achten
- Laute und wiederholende Anklagen vermeiden
- Mit dem Kind dann sprechen, wenn man seine Aufmerksamkeit hat, es einen also anschaut
- Beziehungspflege durch Zeiten, in denen es ausschließlich um die Bedürfnisse des Kindes geht und die das Kind aktiv gestalten kann (Spielzeiten)
- Lob, wenn das Kind etwas gut oder richtig gemacht hat
- Konsequenz in der Einhaltung von Regeln und Bestrafungen

c. Leitfaden Elternberatung

- Ärztliche Abklärung anraten, evtl. Zweitdiagnostik
- Symptome genau beobachten und schriftlich festhalten
- Unterstützung für Eltern anbieten, besonders bezüglich Symptomschilderung gegenüber den Ärzten
- Eltern ermutigen, weitere Hilfen in Anspruch zu nehmen (Jugendamt, Selbsthilfegruppen, etc.)
- Ggf. Unterstützung bei der Einstellung der Medikamente durch engmaschige Rückmeldung über Verhaltensänderungen
- § 35a SGB VIII: Eltern haben Anspruch auf Unterstützung, sobald drohende oder bereits bestehende seelische Behinderung vorliegt
  → Integrationsassistenz
  → Außerschulisches Aufmerksamkeits- und Konzentrationstraining
  → Neurofeedback

Notizen

III. Autismus-Spektrum-Störungen (F84.0 bis F84.5)

1. Fallbeispiel

Gut am Unterricht des vergangenen (nicht „des letzten") Schuljahres fand ich vor allem Physik. Ich mag das Fach.

Der häufige Stundenausfall hat mich sehr gestört, vor allem, wenn es keine Vertretungsstunden gab und plötzlich eine Lücke im Tag war. Auch Vertretungsstunden stören, weil dann der falsche Lehrer da ist, aber ein falscher Lehrer ist immer noch besser als ein Lücken-Tag.

Am meisten stören mich die vielen anderen Menschen in der Schule. Sie sind zu laut. Es muss leise sein, damit man alles hören kann. Aber die anderen Schüler reden, flüstern, rutschen mit raschelnder Kleidung auf ihrem Stuhl herum und machen andere Geräusche – ständig. Sie reden über Dinge, die nicht wichtig sind und sie lassen mich auch nicht in Ruhe. Nie ist es ruhig. Selbst bei Arbeiten kratzen die Federn ihrer Füller auf dem Papier, sie riechen komisch, scharren mit den Füßen auf dem Linoleum und suchen viel zu laut nach Stiften im Mäppchen oder blättern Seiten um. Manchmal wollen sie sich Stifte von mir ausleihen und legen sie dann nicht mehr an den richtigen Platz zurück.

Sie stören die Ordnung. Und verstehen nicht, wenn ich ihnen meine Sachen nicht geben will. Auch andere Sachen sind zu laut. Die neue Schulklingel ist besser als die alte, aber immer noch zu schrill. Der Stromkasten im Klassenraum fiept. Die Uhr über der Tafel tickt zu laut. Draußen auf dem Gang laufen Leute vorbei und im Sommer wollen immer alle das Fenster aufmachen, obwohl draußen Menschen herumlaufen, reden und Autos fahren. Und ständig macht jemand das Licht an, selbst dann, wenn es draußen hell ist. Dabei brummen die Neonröhren und sie flackern. Die über der Tafel besonders, die geht bestimmt bald kaputt. Aber ausgetauscht hat sie noch niemand. Wenn ich mir die Ohren zuhalte, weil es zu laut ist, sagen die Lehrer, ich sei ungezogen.

Besonders schlimm sind Gruppenarbeiten. Alle reden durcheinander, aber niemand macht etwas richtig. Wenn ich die Aufgaben alleine mache – denn dann weiß ich, dass es richtig gemacht wird – bekomme ich Ärger mit den Lehrern. Wenn ich den anderen Schülern sage, wie es richtig geht, wollen sie nicht zuhören. Gruppenarbeiten sind ziemlich unnötig. Die Aufgaben wären schneller und korrekt erledigt, wenn jeder für sich arbeiten könnte und dabei ganz ruhig ist. Dann lenkt nichts ab.

Aber viele Lehrer sind auch komisch. Ich sage ihnen zum Beispiel, wenn sie etwas falsch erklärt oder gemacht haben, damit sie es beim nächsten Mal besser erklären können. Aber meistens werden sie dann laut und ich bekomme Ärger. Dabei möchte ich nur, dass keine Fehler gemacht werden.

Ich würde gerne woanders sitzen. Ich fand es nicht gut, dass man mir verboten hat, den Platz zu wechseln. Ich möchte gerne hinten sitzen, an der Tür. So, dass ich den ganzen Raum sehen kann. Ich mag es nicht, wenn Menschen in meinem Rücken sind. Das lenkt mich sehr ab und macht mich unruhig. Ich möchte hinten sitzen, damit ich alles hören und sehen kann. Und damit kein Schüler oder Lehrer von hinten kommen kann und mich erschreckt.

Und dann sind da noch die Pausen, die ich nicht mag. Alle rennen über den vollen Schulhof und es sind viel zu viele Menschen, die mich nicht in Ruhe lassen, anrempeln, anfassen, erschrecken und komische Sachen sagen.

Von Montag bis Donnerstag gehe ich immer in die Bibliothek, die mag ich. Da ist es ruhig und ordentlich und mich stört auch niemand. Aber freitags ist sie geschlossen. Dann kann ich nicht zu meinen Büchern. Ich warte dann immer in einer Toilettenkabine, bis die Pause rum ist (weil ja niemand im Schulgebäude bleiben darf), aber lieber wäre ich in der Bibliothek. Kann die nicht auch freitags geöffnet haben? Und in den Freistunden?

Wahrnehmung der Prozesse im Klassenraum eines jungen autistischen Mädchens, zu der Zeit noch ohne Diagnose. Im weiteren Verlauf der Schulzeit folgten häufige Schul- und Klassenwechsel, Nichtversetzung, Mobbing durch Schüler und Lehrer wegen „Spinnereien" aufgrund der besonderen Wahrnehmungssituation und offenkundiger Ungeschicklichkeit in sozialen Situationen. Dennoch erreichte sie das Abitur und im Anschluss einen Hochschulabschluss.
Heute ist die junge Frau nach einigen Umwegen selbstständig. Dank einer differenzierten Diagnostik in einer Spezialambulanz für autistische Erwachsene konnte sie ihr Lebensumfeld entsprechend ihrer besonderen Wahrnehmung anpassen und hat ihre berufliche und private „Nische" gefunden.

2. Klassifikation

- ICD-10 unterscheidet in frühkindlichen (= Kanner-)Autismus (F84.0), atypischem Autismus (F84.1) und Asperger-Syndrom (F84.5) → nach Neuauflage im ICD11 dann „Autismus-Spektrum-Störung"
- Qualitative Auffälligkeiten der gegenseitigen sozialen Interaktion
- Qualitative Auffälligkeiten der Kommunikation und der Sprache
- Begrenzte, repetitive und stereotype Verhaltensmuster, Interessen und Aktivitäten
- Bei etwa zehn Prozent: ausgeprägte Teilleistungsbegabungen mit perzeptiven, mathematischen, sprachlichen, kognitiven oder konstruktiven Fähigkeiten, die weit über das Normalmaß hinausgehen.

3. Symptome

- Mangelnde soziale Interaktion (fehlende Wechselseitigkeit, scheinbar mangelndes Interesse an anderen Menschen, etc.)
- Ungewöhnliche zwischenmenschliche Verhaltensmuster (monotone oder eigenartige Satzmelodie; fehlender bzw. nicht sozial modulierter Blickkontakt; Schwierigkeiten, soziale Signale korrekt zu entschlüsseln)
- Auffällige Kommunikation
- Stereotype und zwangsartige Verhaltensweisen (keine Zwänge! Rituale, motorische oder vokale Stereotypien, Händeflattern, Fingerschnippen, Schaukeln, etc.)
- Beeinträchtigungen in Grob- und Feinmotorik (vor allem beim Asperger-Syndrom)
- Besonderheiten der Aufmerksamkeitsmodulation (Hyperfokus)
- Sonderinteressen/-begabungen
- Überempfindlichkeiten (oder auch Unterempfindlichkeiten), betreffend alle Sinne.

4. Begleitsymptome
- Intelligenzminderung (vor allem beim frühkindlichen Autismus, beim Asperger-Syndrom liegt Intelligenzniveau in der Regel im Normbereich bis hin zur Hochbegabung)
- Depressionen
- Angststörungen
- Phobien
- Störungen des Sozialverhaltens
- Alexithymie (Unfähigkeit, eigene Gefühle in Worten auszudrücken und zu beschreiben)
- Prosopagnosie (Gesichtsblindheit)
- Ess-Störungen

5. Ursachen
- Ursachen nicht eindeutig bekannt
- Autismus ist <u>angeboren</u>
- Vermutet wird vor allem eine starke genetische Disposition
- Veränderte neuronale Informationsverarbeitung
- Schwache zentrale Kohärenz
- Mangelhaft ausgebildete Theory of Mind
- Exekutive Dysfunktion

6. Veränderte Informationswahrnehmung (Beispiel)

- Ebbinghaus-Illusion: Entscheidung, ob die beiden mittleren Kreise gleich groß sind oder nicht. Durch den sog. Kontexteffekt gehen viele Nicht-Autisten davon aus, dass der linke Kreis kleiner sei. Personen mit einer Autismus-Spektrum-Störung zeigten sich in Studien weniger anfällig für diese Illusion.

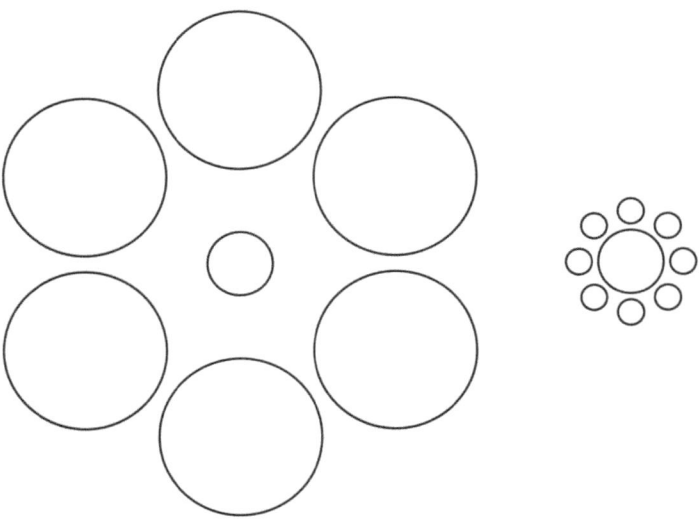

7. Schwache zentrale Kohärenz

- Nicht-Autisten erkennen in der Grafik auf den ersten Blick die Buchstaben „H" und „I", wohingegen Autisten zuerst das „E" und das „X" sehen.

EE	EE	XX
EE	EE	XX
EE	EE	XX
EE	EE	XX
EE	EE	XX
EEEEEEEEEEEEEE		XX
EE	EE	XX
EE	EE	XX
EE	EE	XX
EE	EE	XX
EE	EE	XX

8. Verlauf

- Gute therapeutische Interventionen möglich, vor allem ein pädagogischer und therapeutischer Ansatz nach TEACCH zeigt nachhaltige Erfolge
- Kein einheitlicher Verlauf, hängt stark von Schwere der Einschränkungen ab
- Teils auf starke ständige Unterstützung angewiesen (frühkindlicher Autismus)
- Eigenständige Lebensführung und Berufsausübung möglich (v. a. Asperger-Syndrom)
- Psychosoziale Faktoren können die Symptomatik lindern oder verstärken

9. Häufigkeit
- Schwankt stark je nach Studie
- Zwischen 1 und 2,6 Prozent
- Erfahrungsgemäß und nach neuester Literatur sind mehr Mädchen betroffen – diese fallen aber weniger auf als Jungen und werden häufig gar nicht erkannt.
-

10. Diagnostik
- Frühestens ab 18. Monate (frühkindlich) bzw. drei Jahre (Asperger-Syndrom)
- Multidimensionale Diagnostik nötig: medizinisch, neuropsychologisch, psychiatrisch und psychosozial
- Intelligenztestung
- Standardisierte Fragebögen und Beobachtungsverfahren (ADOS, ADI-R, EQ)
- Familienanamnese
- Nur in spezialisierten Fachstellen adäquat möglich

11. Differenzialdiagnostik
- Bindungsstörung
- AD(H)S
- Traumatisierung
- Rett-Syndrom
- Fragiles X-Syndrom
- Frühkindliche schizophrene Psychose

12. Typische Probleme beim Lernen und täglichen Umgang

- Sprachliche Hinweise werden leicht vergessen
  „Sie glauben, nur weil ich gut sprechen kann, könne ich auch gut über die Sprache lernen." (Donna Williams)
- Eingeschränkte Fähigkeit zur Imitation
- Durch die Menge der zu verarbeitenden Informationen kann es zu verzögerten Reaktionen kommen.
- Probleme mit der Generalisierung
- Lernen nur langsam aus Erfahrungen und wiederholen Fehler daher häufig
- Überforderung beim Treffen von Entscheidungen, die auf Einschätzung beruhen
- Probleme mit der zeitlichen und räumlichen Organisation
- Ablenkbarkeit
- Überforderung mit der Durchführung komplexer Handlungen
- Unebenes Entwicklungs- und Fähigkeitsprofil
- Lob und soziale Anerkennung bedeuten oft keinen Leistungsanreiz
- Fehlende Neugierde und mangelnde Eigeninitiative bei neuen und fremden Themengebieten

13. Wahrnehmungsbesonderheiten

- Viele Autisten empfinden die Welt anders als Nicht-Autisten
- Sowohl Über- wie auch Unterempfindlichkeiten
- Betrifft alle Bereiche: Hören, Sehen, Riechen, Schmecken, Tasten, soziale Wahrnehmung
- Heißt: Autistische Menschen lehnen Speisen aufgrund der Konsistenz ab, hören Geräusche, die nicht-autistische Menschen nicht hören, reagieren teils heftig auf subtile Gerüche oder zeigen keine Reaktion bei Schmerzreizen
- Viele Autisten haben Berührungsempfindlichkeiten. Daher: <u>Niemals</u> ein autistisches Kind ungefragt anfassen, vor allem nicht am Kopf.
- Reizüberflutung/Overload: Die eintreffenden Eindrücke können nicht mehr selektiert werden, das Gehirn verliert zunehmend die Fähigkeit, die Reize zu filtern → „Verschwimmen" der Sinneseindrücke, führt schließlich in die komplette Überforderung
- Zwei Reaktionsmuster sind bei Menschen mit Autismus zu beobachten: Totaler Rückzug und Kontaktabbruch zur Außenwelt oder explosionsartige Aggressionsausbrüche nach außen als Folge der Überforderung (darf nicht als gezielte Aggression gegen Mitmenschen missverstanden werden).
- Soziale Wahrnehmung: Autisten sind quasi „blind" für soziale Signale; Gesichter anderer Menschen geben keine Informationen → überflüssiger Input (daher häufig auch der mangelnde Blickkontakt)

14. Theory of Mind und Empathie

- Theory of Mind ist die Fähigkeit, sich in die Gedankenwelt anderer Menschen hineinzuversetzen
- Wird von Kindern in der Regel im Alter zwischen drei und fünf Jahren erlernt.
- Diese Entwicklung bleibt bei autistischen Kindern aus oder verzögert sich
- Empathie ist die Fähigkeit und Bereitschaft, Gedanken, Gefühle, Persönlichkeitsmerkmale und Motive einer anderen Person zu erkennen und zu verstehen → löst eine Reaktion aus, wie beispielsweise den Impuls zum Helfen.
- Paul Ekman: Unterscheidung in kognitive und emotionale Empathie: „Kognitive Empathie lässt uns erkennen, was ein anderer fühlt. Emotionale Empathie lässt uns fühlen, was der andere fühlt, und das Mitleiden bringt uns dazu, dass wir dem anderen helfen wollen."
- Autistische Menschen haben ausschließlich ein Problem bei der kognitiven Empathie!

15. Ressourcen

- Sehr feine und differenzierte visuelle und auditive Wahrnehmung
- Besondere Fähigkeiten auf Gebieten, die ohne soziale Interaktion auskommen
- Überdurchschnittliches Gedächtnis und hohe Konzentrationsfähigkeit
- Genauigkeit und Ausdauer
- Genaue Beobachtungsgabe und Detailwahrnehmung
- Ungewöhnliche analytische Denkstrukturen und logisches Denken
- Sehr zuverlässig und pflichtbewusst
- Ehrlich und loyal
- Starkes soziales Gerechtigkeitsempfinden

16. Rechtliche Aspekte

- Diagnose einer Autismus-Spektrum-Störung berechtigt zum Schwerbehindertenausweis (Grad der Behinderung zwischen 30 und 80)
- Anspruch auf Pflegestufe (in der Regel Pflegestufe I)
- § 35a SGB VIII: Eltern haben Anspruch auf Unterstützung, sobald drohende oder bereits bestehende seelische Behinderung vorliegt → Beantragung über das Jugendamt
  → Integrationsassistenz
  → Außerschulisches Coaching und Training, z. B. durch Autismus-Therapie-Zentren (ATZ)

17. Leitfaden Autismus

- Für den Umgang mit autistischen Personen sensibilisieren: häufig stimmen deren Einschätzungen von Situationen nicht mit den Einschätzungen ihrer Mitmenschen überein → daher situationsunangemessene Reaktionen, die teils sogar als beleidigend aufgefasst werden. Menschen mit Autismus sind relativ schnell frustriert, weil sie durch die unterschiedlichen Wahrnehmungen häufig Spott, Zorn, Wut oder Belehrungen durch ihre Mitmenschen erfahren, die Gründe dafür aber nicht verstehen.
- Eltern, Mitschülern und Lehrern verständlich machen, dass der Autist manchmal einfach nicht anders kann, er es nicht unbedingt böse meint und in seiner persönlichen, aktuellen Weltsicht vollkommen plausibel handelt.
- Den Autisten nicht mit aller Macht in die allgemeine Situation zurückholen.
- Bezugspersonen müssen ein Gespür dafür entwickeln, wann der Autist in sich versunken ist und versuchen, ihn „dort" abzuholen.
- Verständnis für seine Weltsicht zeigen und es auch benennen, aber keinen Freibrief für alles ausstellen.
- Konflikte klar und eindeutig benennen
- Die persönliche Integrität der autistischen Person stärken
- Nicht per se eine böse Absicht unterstellen.
- Besonders auf Stärken und Ressourcen eingehen
- Klare Regeln und Strukturen sowie ein verlässliches, beständiges Umfeld schaffen.
- Auf regionale Selbsthilfegruppen verweisen

18. Schlussbemerkungen

- Menschen mit Autismus können ganz faszinierende Persönlichkeiten sein, die ganz neue, eigentümliche und interessante Denk- und Verhaltensstrukturen zeigen.
- Häufig fühlen sich Menschen mit Autismus in der sie umgebenden Welt unverstanden und „wie auf einem fremden Planeten". Sie haben den Eindruck, ihre Mitmenschen nicht zu verstehen, gerade in schwierigen sozialen Situationen.
- Sie sehnen sich häufig nach Verständnis und Kontakt, finden aber keinen Weg dafür und wissen nicht, wie sie Anknüpfungspunkte finden und halten können.
- Menschen mit Autismus nehmen ihre Umwelt häufig als unberechenbar, verwirrend und ungerecht wahr, daher sind sie bereits früh frustriert, ziehen sich zurück oder werden aggressiv.

19. Ein Brief

Gefang in mich

Versuch erkleren das aber schwer. Aber vieleich verstehn ihr das.

Wen in mich bin alein mit viel gedanken. Sag nur ein par von die denk wichtigen. Oft bin in mich freiwlig weil ruhe brauch. Aber oft auch nich freiwlig das dan anstreng weil mein kopf das gemach hat entscheiden so.
Wen freiwilig bin dan grins oft imer viel weil mein gedanken imer lustig sind ales in mich :D aber das geheim :)
Wen nich freiwilig bin dan auch so aber wenig. Dan unterschiedlich sauer traurig lachen wein. Ales. Kan lange dauern sowas. Jetz auch seit ein woche fast so weil viel pasiert nich gut war. Das schlim und anstreng fur mich. Mein zweit rate gestorben ;(mein terapi zu ende kein mit den reden kan uber das. Hab kein bezugbetreur wir komt noch. Ganz woche imer sauer wutend gespant mein korper imer. Das so viel fur mich das heut ein autischen anfal hat sag mein betreur imer so wen ausraste. Hab mein kopf imer gegen hauen imer ganz zeit ganz dol. Fas ein plazwunde an stirn. Mein brustkorb haun dol und jetz beser. Aber jetz spanung weg aus mein korper das beser so mir gehn. Tut nich weh nich schlim ok :)
Aber wen so bin in mich nich freiwilig dan weil ruhe brauch. Aber dan manchma auch so das mir nich gut geht bei. Das alein mich fuhl weil nich alein raus kom schaf. Weil nich was machen kann schreibn oder so. das so schlim dan. Das wieder mein korper gespant is ales drin. Das wieder autischen anfal hab. Aber moch das nich.

Gestern war so in ein tram mit mein betreurin. Menschen manchma so dof versteh nich unfas bar das. Tram war vol sehr dol aber ale kom trotzdem rein. War zu viel dan ein frau imer ganz zeit mein fus gegen kom. Bin ausgerastet dan hab funf menschen geschubs weil wolt raus aus tram ganz schnel. Dan wieder ein komiges gefuhl in korper in mein arm rechs. Hab mein arm mich die ganz zeit gekneift bis weg war dan wieder beser.
Aber moch nich so reagiern imer das ander menschen was tu. Aber kan nich anders irgendwie. weis nich warum so reagir imer. Das mach mich traurig dan weil ander kon das imer.
Aber schlim fur mich oft imer das alein bin dan traurig. Ja bin gern alein aber nich wen nich freiwilig so bin. Ken da ein spruch ein teufelkreis.

Ein glaswand unsichbar. Nur drin kan das sehn und spuren auch aber schaf nich auf ander seite kom. Und manchma glas weg dan darf raus aus mich. Aus mein einzelzele. Manchma wen so is dan moch tot sein liebr dan geht mir gut bestimt. Kein autismus kein anfal bin heil und wie ander gute menschen. Aber manchma denk auch bestimt gut so bin das ok oder?

Brief einer frühkindlichen Autistin mit stark eingeschränkter verbaler Ausdrucksfähigkeit, aber durchschnittlicher Intelligenz. Die junge Frau lebt in einer betreuten Einrichtung.

Es war ihr Wunsch, dass ihr Brief einer großen Menge an Menschen zugänglich gemacht wird, um für die spezielle Wahrnehmung autistischer Menschen zu sensibilisieren. Sie möchte so deutlich machen, dass sie häufig auf eine für ihr Umfeld schwer bis nicht verständliche Weise reagiert, sie diese Reaktionen aber nicht steuern kann. Ebenso möchte sie in ihrem Anders-Sein akzeptiert und respektiert und vor allem nicht aufgrund der eingeschränkten Sprache für dumm gehalten werden – auch wenn sie sich häufig wünscht, so „normal" wie alle anderen „auf der anderen Seite der Glasscheibe" zu sein.

Notizen

IV. Störung des Sozialverhaltens (F91.0 bis F91.9)

1. Fallbeispiel

Vorschulkindergarten:

Es war schwer für mich, ich wurde von den Kindern gemobbt, meistens von älteren Kindern. Die Erzieherinnen haben kein Gespräch mit mir gesucht. Ich fühlte mich alleine gelassen.

Meine Mama hat mich häufig schwänzen lassen. Ich habe dann mit ihr stundenlang Playstation gespielt. Ich war darin richtig gut. Meine Mutter hat viel Alkohol getrunken, jeden Tag, eigentlich immer. Sie hat nicht gearbeitet. Meinen Vater kenne ich bis heute nicht. Ihr Freund hat auf Flohmärkten gearbeitet. Auch er hat getrunken. Ich wurde immer geschlagen. So lange ich denken kann, wurde ich geschlagen, mit dem Gürtel und anderen Dingen. Von beiden. Ich hatte immer große Angst, zitterte.

Grundschule:

1. Klasse: Das war irgendwie gut, ich hatte viele Freunde, alles war irgendwie normal, unauffällig.

2. Klasse: Musste wiederholt werden. Meine Mutter hatte wieder einen ihrer Ticks, sie wollte nicht alleine sein. Darum durfte ich nicht in die Schule, sollte bei ihr sein.

3. Klasse: Wurde übersprungen, weil ich so gut war. Meine Mutter hatte eine gute Phase, dann ging es auch mir gut. Sie litt an manischer Depression, die hatte richtig einen an der Waffel. Denke ich heute. Damals war das für mich normal. Ich dachte, so wären Mütter. Ich wusste nicht, dass das krank war. Dann ist sie auch plötzlich gestorben, Herzversagen, mit 35 Jahren. Ich kam dann mit meinen Geschwistern zur Stiefoma. Ich war lange krank geschrieben.

4. Klasse: Der Absturz. Ich habe angefangen zu rauchen. Wurde frech, respektlos. Habe die Lehrer provoziert. Ich hatte immer wieder Läuse. Die fielen mir während der Stunde schon vom Kopf, ich habe die Viecher auf dem Tisch zerschlagen. Zuhause wurde ich auch nur geschlagen, von der Oma, von den Onkels. Wir wurden beschimpft, meine Mutter sei eine Hure gewesen. Ich kam zur Förderschule.

Förderschule I:

Ich begann eigentlich ganz gut. Dann kamen die psychischen Probleme. Ich war sehr ängstlich. Habe nicht viel geredet. Aber geraucht ohne Ende. Ich habe nicht auf die Lehrer gehört. Bekam Schulverweise. Hatte kein Benehmen, ich habe die Lehrer ganz übel beleidigt, ich wollte cool sein.

Zuhause wurden wir wie Dreck behandelt, ich kam mehrmals in den Kinderschutz. Dann aber wieder zurück. Wir hatten Familienhilfe. Irgendwann hat die Familienhelferin meine Schwester und mich zu sich geholt. Für ganz. Weg von der Stiefoma, weg von den Onkels.

Ich bin dann irgendwann wieder geflogen. Bin mit Zigarette durch das Schulgebäude gegangen. Habe Schlimmeres gemacht. Bin dann auch nach 2 Jahren bei der Familienhelferin raus geflogen.

Förderschule II:

Ich wurde von meiner Schwester getrennt. Musste in eine Wohngruppe. Hier war erst alles okay. Manche Betreuer habe ich als Elternersatz genommen. Ich war wieder wie ein kleines Kind. Habe eine Familie gesucht. Dann habe ich schlimme Jungs kennengelernt. Andere, noch schlimmere Mädchen haben mir das Ritzen gezeigt. Dadurch hatte ich plötzlich die Möglichkeit, meine Probleme zu bekämpfen. Das war interessant. Ich hatte Lehrer beschimpft, eine Lehrerin ganz besonders beleidigt, aufs Schlimmste!

Auch dann bin ich wieder endlich geflogen. Raus aus der Schule. Ich wurde für drei Monate in die Kinder und Jugendpsychiatrie geschickt. Dort gab es sogar eine Schule, die ich besuchte.

Förderschule III:

Mal wieder eine neue Schule, eine neue Wohngruppe. Hier mochte man mich nicht, ich wurde gemobbt. Meine Art kam nicht gut an. Ich fing auch an, mich im Unterricht zu ritzen. Irgendwann bin ich im TextilUnterricht auf die Lehrerin mit einer Schere losgegangen. Ich wollte sie tatsächlich abstechen. Sie hatte mich kritisiert. Zwei Jungs aus der Klasse hielten mich gerade noch zurück.

Ich bin wieder geflogen. Jetzt war ich auf einer geschlossenen Schule, Unterricht im kleinen Format. Da habe ich erst recht dolle Dinge erlebt.

Bin dann nächtelang mit anderen Mädchen einfach in die Stadt gefahren, dort gab es Partys, Saufen, Drogen. Ich wurde mehrmals von der Polizei gesucht und wieder zurück gebracht in die Wohngruppe. Irgendwann, da war ich schon in der 8. Klasse, fühlte sich der Leiter der Wohngruppe von mir mit einer Rasierklinge bedroht. So war es aber nicht. Ich bin trotzdem geflogen.

Und kam dann in den Jugendschutz. Mein neuer Wohnsitz war wieder eine Wohngruppe. Hier fing das Saufen erst richtig an. Ich war noch in der 8. Klasse in irgendeiner Schule. Habe dort geschwänzt, bin immer wieder abgehauen, habe mich selbst nicht geöffnet, konnte nicht reden, mit niemandem. Habe nur gesoffen, war die Nächte mit Freundinnen unterwegs. Wieder geflogen.

Clearinggruppe:

Jetzt kam ich zu einer Entziehungsstelle. Der Alkohol. Ich hatte plötzlich einen Pflegevater. Der hatte auch eine nette Frau. Er selbst hat mir aber beim Pissen zugeschaut, der hatte so eine eklige Art. Er hat auch immer die Polizei angerufen. Irgendwann sagte ein Polizist: „Da gehst du nicht mehr hin". Wieder weg aus dem Dorf. Wieder hin in ein anderes. Mich wollte keine Schule mehr haben. Ich war wohl der schlimmste Fall im Landkreis. Die Schulen hatten sich mit aller Macht gewehrt, am Ende mussten sie mich aber nehmen. Dann habe ich auch wieder mit meiner Schwester zusammen gewohnt. Ganz unten haben wir uns wieder getroffen, in dieser Einrichtung. Musste wieder für zwei Monate in Therapie. Ich habe dann irgendwie die Förderschule beendet. Bis zum letzten Tag habe ich mich scheiße benommen, hatte Wutanfälle, war aggressiv.

Erziehungsstelle:

Jetzt war ich bei meiner Betreuerin. Sie war wie eine Mutter für mich. Vieles hat sich geändert. Ich machte ein Jahrespraktikum im Tierheim, hatte viel weniger getrunken, es gab aber immer noch Rückfälle. Die Betreuerin hielt zu mir. Dann verbrachte ich dieses eine Jahr auf einer berufsbildenden Schule. Meine Psyche spielte aber verrückt. Ich hatte Panikattacken, war schreckhaft und ängstlich. Antidepressiva. Dann habe ich mit einer berufsvorbereitenden Maßnahme an der Kreisvolkshochschule begonnen. Rückfall. Wieder zwei Monate Therapie. Dann weiter mit der Maßnahme. Bis jetzt.

Junge Frau, jetzt 20 Jahre alt, hat eine gerichtliche Betreuerin, aus der sozialpsychiatrischen Betreuung geflogen, Maßnahme der Agentur für Arbeit vorzeitig beendet, drohende Obdachlosigkeit, zwischenzeitlich kompletter Kontaktabbruch

Exkurs: Selbstwertgefühl und Selbstvertrauen

- Selbstwertgefühl: Ich fühle mich wertvoll, akzeptiert, anerkannt, integriert. Dieses Gefühl ist unabhängig von meinen Fähigkeiten und Kompetenzen. Selbstwertgefühl wird bereits ab früher Kindheit erworben bzw. zerstört.
- Selbstvertrauen: Ich traue mir konkrete Dinge zu, fühle mich bei bestimmten Handlungen sicher und überlegen. Dieses Gefühl richtet sich konkret auf meine Fähigkeiten und Kompetenzen Selbstvertrauen wird bereits ab früher Kindheit erworben bzw. zerstört.
- Lob steigert in erster Linie das Selbstvertrauen. Lob kann süchtig machen, die Kinder und Jugendlichen wollen immer besser werden bzw. immer mehr Aufmerksamkeit, um noch mehr Lob zu bekommen. Oft entsteht der fatale Umkehrschluss: Ich werde nur wahrgenommen und geliebt, wenn ich viel gelobt werde.
- Es gibt viele Menschen, gerade auch Erwachsenen, die großes Selbstvertrauen, aber nur wenig Selbstgefühl haben.
- Unterstützender Ansatz: Entwicklung des positiven Selbstgefühls. Aufmerksamkeit, Wertschätzung, Wahrung der persönlichen Integrität auch in der Krise, wahres Interesse für den Menschen und seine Gedanken und Gefühle zeigen.

2. Klassifikation
- Sich wiederholendes und andauerndes Muster von dissozialen, aggressiven oder aufsässigen Verhaltens.
- Verletzung der grundlegenden Rechte anderer sowie wichtiger altersentsprechender Erwartungen.

3. Symptome
- Deutliches Maß an Ungehorsam, Streiten und Tyrannisieren
- Ungewöhnlich häufige/schwere Wutausbrüche
- Grausamkeit gegenüber anderen Menschen oder Tieren
- Erhebliche Zerstörungswut gegenüber Eigentum
- Zündeln
- Stehlen
- Häufiges Lügen
- Schule schwänzen
- Von zu Hause weglaufen

4. Ursachen
- Häufig familiäre Probleme (Gewalt, Drogen, Armut)
- Fehlende Liebe, Wärme, Wertschätzung
- Gestörte Beziehungen in der Familie
- Erziehungsunfähigkeit der Eltern
- Traumatische Ursachen: Trennung, Missbrauch, Tod
- Selten genetische oder hirnorganische Ursachen

5. Häufigkeit
- Im Grundschulalter etwa ein bis zwei Prozent der Kinder
- Im Jugendalter etwa vier bis sechs Prozent
- Störungen des Sozialverhaltens in Städten häufiger vertreten als in ländlichen Gebieten
- Jungen vier- bis fünfmal häufiger betroffen
- Der Anteil von Störungen des Sozialverhaltens in psychiatrischen Behandlungen liegt bei 50 Prozent

6. Differenzialdiagnostik
- Schizophrenie
- Manie
- ADHS
- Autismus
- Traumatisierung
- Emotionale Störung

7. Therapie
- Behandlungs- und Interventionsmöglichkeiten werden häufig als begrenzt empfunden.
- Ggf. medikamentöse Therapie
- Intensive und flächendeckende Prävention
- Patientenbezogene Maßnahmen
- Elterntraining
- Familienberatung
- Umfeldbezogene Maßnahmen
- Alleinige psychotherapeutische Therapie ohne weitere Interventionen reicht in der Regel nicht aus

8. Entbehrliche Therapiemaßnahmen
- Tiefenpsychologisch fundierte oder psychoanalytische Therapie
- Soziale Trainingsgruppen
- Non-direktive Spieltherapie
- Teilnahme an Selbsthilfegruppen

9. Jugendhilfe und Rehabilitationsmaßnahmen
- Früh beginnende Störungen des Sozialverhaltens begründen seelische Behinderungen gemäß § 35a SGB VIII
- Angemessene Jugendhilfemaßnahmen sind: Familienhilfe mit Verhaltensmodifikationen bei Störungen mit oppositionellem und aufsässigem Verhalten, Erziehungsbeistandschaften (nur bei hoher Durchführungsqualität hilfreich) nach § 27 SGB VIII
- Teilstationäre Jugendhilfemaßnahmen bei schwachen Schulleistungen und mangelnder Aufsicht und Steuerung durch die Familie bei intakten Familienbeziehungen sowie vollzeitige außerfamiliäre Betreuung bei ausgeprägter Symptomatik oder chronischem Erziehungsversagen der Eltern.
- Bei akuter Fremd- oder Selbstgefährdung ist Unterbringung in Psychiatrie gegen den Willen der Betroffenen möglich (PsychKG)

10. Leitfaden Beratung und Umgang

a. Umgang mit Störungen des Sozialverhaltens

- Versuchen, eine neutrale, freundliche, wertschätzende und kontinuierliche Beziehung aufzubauen
- Klar formulieren, was man gut und nicht so gut findet
- Vorwürfe vermeiden
- Die persönliche Integrität des Kindes/des Jugendlichen auch in der Krise bewahren
- Beleidigungen nicht persönlich nehmen
- Positive Fähigkeiten und Leistungen in den Fokus nehmen
- Offen und ehrlich sein (auch über Eigen- und Fremdgefährdung, mögliche Erziehungsmaßnahmen)
- Kind/Jugendlichen mit in die Gestaltung der Interventionen einbeziehen
- Kind über Gespräche mit Eltern, Lehrern und anderen Helfern aufklären
- Aufrichtiges Interesse für die Gedanken und Beweggründe des Kindes/des Jugendlichen nicht nur zeigen, sondern auch haben
- Stigmatisierung in der Gruppe so gut es geht verhindern
- Auf aggressive Gegenübertragungsgefühle achten, keine verkappten Strafbedürfnisse befriedigen

b. Elternberatung

- Da die Störung im Sozialverhalten häufig ihre Ursache im Familiensystem hat, ist eine Beratung der Eltern häufig schwer bis gar nicht möglich.
- Ausschluss von AD(H)S, Autismus und Traumatisierungen, unbedingt ärztlich abklären lassen
- Schweregrad ermitteln lassen (Eigen- und Fremdgefährdung), um klinische Behandlung zu ermöglichen
- Eltern anregen, über mögliche Ursachen im Familiensystem nachzudenken (keine Schuldzuweisungen!)
- Den Erziehungsstil (sofern vorhanden) überdenken
- Eltern raten, externe Hilfe in Anspruch zu nehmen (Beratungsstellen, sozialpädagogische Familienhilfe)

Exkurs: Aggressives Verhalten

- Aggressionen gesellschaftlich unerwünscht, werden als „böse" wahrgenommen
- Konstruktiver Umgang mit Aggressionen bei Kindern: zulassen und sich als Eltern für den Grund der Aggressionen interessieren
- Keine „Kuschel-Pädagogik": verunsichert das Kind erst recht
- Jedes aggressive, destruktive Verhalten von Kindern kann als ein Hilferuf verstanden werden, der signalisiert, dass sich das Kind nicht gut fühlt, aber alleine nicht weiß, was es dagegen machen soll.
- Aggressionen nicht tabuisieren, sondern nach konkreter Ursache fragen
- Lernprozess ermöglichen, der dem Kind hilft, die eigenen Emotionen zu verstehen und anschließend adäquat und angemessen zu integrieren
- Familientherapeut Jesper Juuls: Diskriminierung von Aggressionen als nicht legitime Emotion inakzeptabel und kontraproduktiv
- *„Konstruktive Aggression ist wie Sexualität oder Liebe. Alle drei machen das Leben möglich, bereichern unsere Beziehungen, führen zu tieferen Einblicken und einer besseren Lebensqualität."*
- Gesamte emotionale Welt müsse ausgelebt werden dürfen, einschließlich Wut, Zorn oder sogar Hass – nur so könne man reif und erwachsen werden.

Notizen

V. Traumatisierung

i. Bindungsstörungen (F94.1 und F94.2)

1. Klassifikation
- Vor dem fünften Lebensjahr entstehendes Verhaltensmuster mit Störungen der sozialen Funktion und emotionalen Auffälligkeiten.
- Entstehung charakteristischer Muster in der Beziehungsgestaltung zu Bezugspersonen (sogenannte Bindungsmuster)

2. Symptome
a. *Reaktive Bindungsstörung (F94.1)*
- Ambivalentes Verhalten gegenüber Bezugspersonen, Annäherung und zugleich Vermeidung von Kontakt
- Wenig Kontakt zu Gleichaltrigen
- Aggressives Verhalten gegen sich und andere
- Starke Ängstlichkeit, Übervorsichtigkeit
- Apathie
- Mangel an emotionalen Reaktionen

b. *Enthemmte Bindungsstörung (F94.2)*
- Wahllose Freundlichkeit und Distanzlosigkeit auch gegenüber Fremden
- Aufdringlichkeit
- Klammerverhalten
- Suchen nach Aufmerksamkeit
- Wenig Kontakt zu Gleichaltrigen

3. Ursachen
- Ungünstige Beziehungen und Umstände zu Eltern und Pflegepersonen in den ersten Lebensjahren
- Quasi frühe Form einer Traumatisierung
- Missbrauch und Vernachlässigung durch die Eltern
- Häufig wechselnde Bezugspersonen

4. Vergleich

Bindungsmuster	Verhalten des Kindes	Mögliche Ursachen
Kein Anzeichen von Bindungsverhalten	• Undifferenziertes Verhalten gegenüber jeder Person • Kind geht keine Bindung ein	• Negative Erfahrung mit früherer Bezugsperson • Häufiger Wechsel der Pflegepersonen
Undifferenziertes Bindungsverhalten	• Unablässige Suche nach Aufmerksamkeit (auch bei Fremden) • Fehlende Unterscheidung zwischen fremden und vertrauten Personen • Distanzlosigkeit	• Verlassenheitserfahrungen • Häufiger Wechsel der Pflegepersonen
Übersteigertes Bindungsverhalten	• starke Trennungsangst und intensives Klammern	• Verlassenheitserfahrungen • In manchen Pflegefamilien Zeichen von Bindungsaufbau
Gehemmtes Bindungsverhalten	• stark gehemmtes Verhalten gegenüber Pflegepersonen • Übermäßige Anpassung	• Erfahrungen von Misshandlung und Gewalt
Aggressives Bindungsverhalten	• Wunsch nach Nähe und Schutz wird in aggressiver Art und Weise gesucht	• Gewalterfahrungen • Bedrohliches Verhalten von Pflegepersonen
Bindungsverhalten mit Rollenumkehr	• Kind übernimmt Verantwortung für Suchtfamilie • Verhält sich überfürsorglich und kontrollierend	• Suchtfamilien • Mehrfacher Wechsel in der Betreuung

5. Diagnostik
- Nur durch Fachkräfte, bspw. in einer Kinder- und Jugendpsychiatrie
- Ausschluss anderer Störungen
- Kein standardisiertes diagnostisches Verfahren

6. Differenzialdiagnostik
- Tiefgreifende Entwicklungsstörungen (frühkindlicher Autismus, Asperger-Syndrom, ADS)
- Bestimmte Formen der Schizophrenie
- Schizoide Persönlichkeitsstörung

7. Therapie
- Schaffung einer verlässlichen sozialen Umgebung
- Psychotherapien ohne Einbeziehung der erwachsenen Bezugspersonen nicht hilfreich.
- Bei kleinen Kindern können Spieltherapien unter Einbeziehung der erwachsenen Bezugsperson im Einzelfall als unterstützende Maßnahme eingesetzt werden.
- Förderung der Eltern-Kind-Interaktion
- Begleitende Elternarbeit
- Weitergehende psychotherapeutische Behandlung, wenn stabile Eltern-Kind-Beziehung erreicht wurde
- Medikamentöse Behandlung bei besonders regellosem und/oder aggressivem Verhalten
- Bei Pflegefamilien Beratung und Supervision
- Allerdings: bislang kein therapeutisches Vorgehen hinreichend erfolgreich

ii. Allgemein

1. Fallbeispiel

Ich bin auf der Insel aufgewachsen. Seit meinem dritten Lebensjahr wurde ich geschlagen. Aber besonders wurde meine Mutter geschlagen. Immer wieder. Oft habe ich große Angst um sie gehabt. Manchmal bin ich auch dazwischen gegangen, wenn sie von meinem Stiefvater verprügelt wurde.

Im Kindergarten ging es sehr streng zu. Wir wurden von links auf rechts gedreht und wieder zurück. Ich war eigentlich Linkshänderin, auch das wurde mir aber abtrainiert.

In der Grundschule war das erste halbe Jahr okay. Dann wurde ich aber gemobbt. Ich war auch nachts ganz oft wach, habe manchmal überhaupt nicht geschlafen. Weil ich Angst hatte vor dem Stiefvater. Dass er meiner Mutter etwas antut, und ich Hilfe holen muss. Oder dass er mir etwas antut. Darum hatte ich Angst, woanders zu schlafen. Immer diese Angst um meine Mutter.

Ich kam dann auf die Förderschule. Dort war ich dann faul, habe nichts gelernt, konnte mich nie konzentrieren. Ich habe mich von allen möglichen Dingen und Personen runterziehen lassen. Einmal bin ich regelrecht in der Schule ausgetickt, wegen eines Jungen. Er hatte meine Mutter beleidigt. Ich habe alles verweigert, Noten waren mir egal. Ich habe mich dann auch geritzt. Da war ich 14. Später mit 15 und 16 dann auch immer wieder geritzt. Irgendwann bin ich zu einer aktiven Mobberin geworden. Da kam mein ganzer Hass raus. Es kam zu Klassenkonferenzen. Und irgendwann bin ich gar nicht mehr zur Schule gegangen.

Ich hatte irgendwann einmal Freundinnen in NRW besucht. Irgendwie kam es dabei zu einer Schlägerei. Meine Freundinnen hatten ein anderes Mädchen verprügelt. Das lag dann acht Monate im Koma. Vor wenigen Wochen ist das Mädchen aus dem Koma erwacht. Jetzt gibt es einen Prozess. Ich muss wohl auch aussagen. Im Grunde ist mir das völlig egal, auch das Mädchen, das jetzt wieder erwacht ist. Keine Ahnung, wie es der geht. Interessiert mich nicht.

Junge Frau, jetzt 20 Jahre alt, mit einjähriger Tochter, wohnt im Mutter-Kind-Heim, aktuell stabilisiert, in der Verselbstständigung.

2. Klassifikation

- Störung, die in der Folge von einem oder mehreren belastenden Ereignissen von außergewöhnlicher Bedrohung entsteht
- In einigen Fällen erinnern sich Kinder und Jugendliche nicht mehr an das Ereignis oder können es nicht benennen.
- Stark individuell ausgeprägter Verlauf
- Stellt Versuch des Organismus dar, eine mögliche Existenzbedrohung zu überstehen
- Entsteht NICHT aufgrund einer erhöhten psychischen Labilität

3. Symptome

a. Grundlegende Symptomatik
- Übererregung/Hyperaktivität
- Kontraktion/Anspannung
- Dissoziation
- Depressive Verstimmung
- Erstarren, „Einfrieren"
- Vermeidung
- Wiedererleben (sog. Flashbacks)

b. Säuglinge und Kleinkinder
- Gestörte Phase der Entstehung von Bindung
- Fehlendes Vertrauen zu Bezugspersonen
- Einfrieren
- Rückzug
- Glasiger Gesichtsausdruck

c. Kleinkinder und Vorschulkinder
- Hyperaktivität
- Sich verschließen, Rückzug, Spiel-Verweigerung
- Rückfall in vorige Entwicklungsstufen (Daumenlutschen, Einnässen, Einkoten)
- Einschlaf- und Durchschlafprobleme
- Schreckhaftigkeit
- Konzentrationsprobleme
- Wutanfälle, emotionale Störungen, Aggressivität
- Versuch, durch Spiele das Ereignis zu verarbeiten
- Verleugnung von Problemen („Mir geht es gut.")
- Trigger (Gerüche, Geräusche, Personen, etc.) führen zu plötzlichen und unkontrollierbaren Ausbrüchen und zum Wiedererleben der Emotionen.

d. Schulkinder
- Hilflosigkeit
- Neigung zum Wiedererleben des Ereignisses
- Hineinsteigern in Angstvorstellungen
- Symptome treten verstärkt in der Schule auf (Leistungsdruck)
- Chronische Übererregung: erhöhte Wachsamkeit, Nervosität, Bewegungsdrang
- Ablenkbarkeit
- Tyrannisieren von anderen Kindern und Lehrern
- Diesen Kindern wird dann häufig ADHS diagnostiziert und sie erhalten unnötigerweise Medikamente.

e. Jugendliche
- Rückzug
- Depressionen
- Somatische Störungen
- Reizbarkeit
- Widerstand
- Ausagieren (Handeln, ohne über die Handlung zu reflektieren)
- Flashbacks (ungewollte, unvermittelte Rückblenden traumatischer Erlebnisse)
- Vermeidungsverhalten
- Schulschwänzen
- Nachlassen schulischer Leistungen
- Deutlich höhere Wahrscheinlichkeit für die Entwicklung einer Drogenproblematik
- Depressionen und Ängste werden häufig medikamentös behandelt, das Trauma wird nicht konstruktiv verarbeitet.

4. Begleitsymptome
- Depressionen
- Angststörungen
- Affektive Störungen
- Substanzmissbrauch (Drogen, Alkohol, Medikamente, etc.)
- Somatisierungsstörungen
- Bipolare Störung
- Erhöhte Rate körperlicher Erkrankungen wie Autoimmunerkrankungen, chronische Schmerzen u. Ä.
- Suizidales Verhalten

5. Ursachen

- Ein „*Zuviel an psychisch zu bewältigenden Informationen [...]. Das Geschehene überfordert die psychischen Ressourcen und bisherigen Bewältigungsstrategien.*" (Ärzteblatt)
- Zusammenwirken von Besonderheiten des einwirkenden Ereignisses und schützenden sowie verfügbaren Faktoren

a. Traumatisierende Ereignisse
- Gerade bei Kindern und Jugendlichen schwer zu objektivieren, verschiedene Kinder können identische Situationen vollkommen unterschiedlich bewerten
- Von außen durch Bezugspersonen nicht unbedingt wahrnehmbar
- Erlebnisse müssen nicht selbst erlebt worden sein (Beobachtungen und Erzählungen reichen aus)
- Beispiele: Tod einer nahestehenden Person, Unfall, Vergewaltigung, Kriegserlebnisse, sexueller Missbrauch/körperliche Gewalt über einen längeren Zeitraum, Mobbing, Chronische Existenzsorgen der Familie

b. Trauma-Formen
- Einmal-Traumatisierung: einzelnes, zeitlich begrenztes Ereignis: in der Regel mit günstigeren Prognose zu therapieren
- Anhaltende Situation traumatisierender Ereignisse

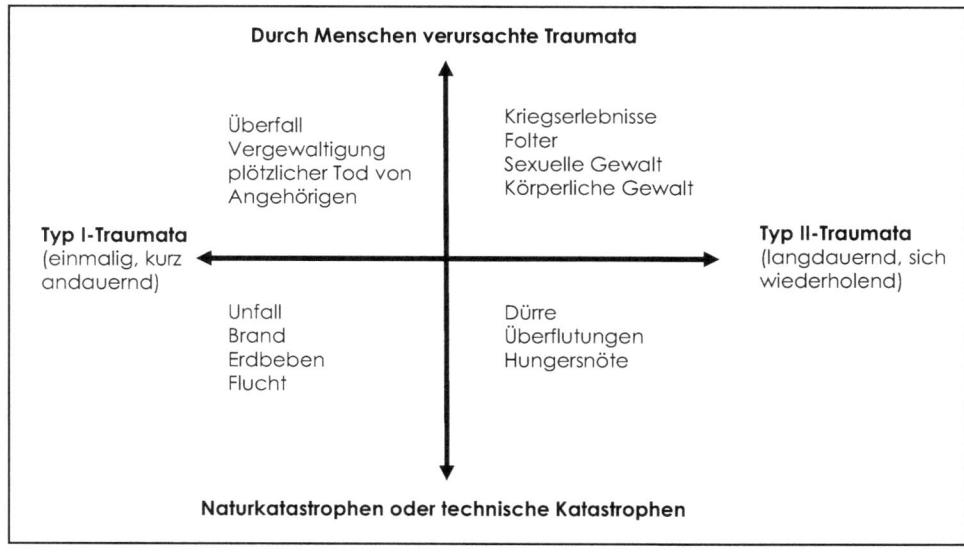

6. Verlauf

- Beginn direkt nach traumatischem Ereignis mit bis zu sechs Monaten Verzögerung
- Hohes Risiko einer chronischen Entwicklung (vor allem, wenn therapeutische Intervention ausbleibt)

7. Therapie

- Ausschließlich durch Fachkräfte, ggf. spezialisierte Traumatherapeuten
- Therapeutisch abgestuftes Vorgehen sinnvoll: je nach Ausprägungsart und -schwere ambulante oder stationäre Therapie → Stabilisierung im Alltag, Auflösung der Belastung, ggf. Herausnahme des Kindes aus dem belastenden Umfeld, Psychoedukation, empathisches Verständnis, ausschließlich bei Bedarf kurzzeitige Behandlung mit angstlösenden Medikamenten, Bewältigungsmöglichkeiten ausbauen
- Anfrage nach geeigneten Therapeuten am besten über die Deutschsprachige Gesellschaft für Psychotraumatologie (DeGPT), dem EMDR-Institut Deutschland oder dem Deutschen Institut für Psychotraumatologie (DIPT)
- Medikation nur in Ausnahmefällen (Suizidrisiko, andauernde Schlafstörungen, etc.)

8. Weitere Verhaltensauffälligkeiten

- Abrupte Veränderungen in Beziehungen (plötzliches Desinteresse an Menschen, die zuvor gemocht wurden)
- Absonderung und Rückzug
- Grundlegende Veränderungen bei Zensuren, Lebenseinstellungen und/oder im Erscheinungsbild
- Plötzliche Verhaltensveränderungen (lebensgefährliches Wiederholen der traumatischen Situation u. Ä.)
- Plötzliche Stimmungsschwankungen (vor allem Angst, Depressionen und Suizidgedanken)
- Alkohol- und Drogenabhängigkeit
- Plötzlicher Interessensverlust an bislang bevorzugten Hobbies
- Reizbarkeit und Wut
- Entwicklung von großem Ehrgeiz, hervorragenden schulischen Leistungen, ambitionierten Berufswünschen

9. Leitfaden Beratung und Umgang

a. Belastendes Ereignis im Allgemeinen

- Für sichere Umgebung sorgen
- Kind schützen und evtl. Schutzmaßnahmen auch klar mit dem Kind kommunizieren
- Schutz und Verständnis bieten
- Offen und ehrlich mit dem Ereignis umgehen, nicht (aus Mitleid) verdrängen oder ignorieren
- Wenn das Kind nicht sprechen möchte, nicht drängen oder zwingen
- Nicht (aus Mitleid) Erziehung lockern
- Mitgefühl und Verständnis für die Lage des Kindes zeigen
- Bagatellisierungen („Das ist doch nicht so schlimm.") vermeiden, das Kind zweifelt sonst an der eigenen Wahrnehmung
- Etwas später dem Kind erklären, dass es vollkommen natürlich reagiert hat
- Von Emotionen lösen und auf Empfindungen achten („Was fühlst du genau? Beschreib mal.")
- Grundsätzlich: konstruktive, wertschätzende und positive (Weiter-)Verarbeitung der belastenden Erlebnisse in einem sicheren Rahmen

b. Erste Hilfe bei Unfällen/Ereignissen

- Sich erst der eigenen Reaktion zuwenden, bis man sich einigermaßen beruhigt hat
- Das Kind ruhig und warm halten
- Das Kind darin unterstützen, sich Zeit für Sicherheit und Ruhe zu nehmen
- Wenn der Schock vorbei ist: Aufmerksamkeit auf körperliche Empfindungen lenken
- Dem Kind ein bis zwei Minuten der Stille erlauben, sich ausruhen lassen und erst dann über das Ereignis sprechen
- Körperliche Reaktionen des Kindes verbal bestätigen
- Wenden Sie sich schließlich den emotionalen Reaktionen ihres Kindes zu.

iii. Sonderfall: Sexueller Missbrauch bei Kindern und Jugendlichen

1. Definition
- Jede sexuelle Handlung, die durch Erwachsene oder Jugendliche an, mit oder/und vor einem Kind vorgenommen wird.
- Ausnutzung der körperlichen, psychischen, kognitiven und sprachlichen Unterlegenheit des Kindes
- Arten des sexuellen Missbrauchs:
    1. Von Schutzbefohlenen (unter 16 Jahren)   § 174 StGB
    2. Von Kindern (unter 14 Jahren)   § 176 StGB
    3. Von Widerstandsunfähigen   § 179 StGB
    4. Vergewaltigung   § 177 StGB
    5. Sexuelle Nötigung   § 178 StGB
    6. Förderung sex. Handlungen Minderjähriger   § 180 StGB
    7. Menschenhandel   § 181 StGB
    8. Verführung (unter 16 Jahren)   § 182 StGB
    9. Exhibitionistische Handlungen   § 183 StGB

2. Symptome
- Sexualisierte, dem Alter unangemessene Handlungen
- Angst, mit einer bestimmten Person alleine zu sein, die das Kind zuvor mochte
- Weigerung, Orte aufzusuchen, die das Kind vorher mochte
- Rückzug, Kontaktabbruch, Isolation
- Klammerverhalten an sichere Personen
- Schmerzen, Brennen, Juckreiz oder Quetschungen im Genital- und/oder Analbereich
- Indirekte Erzählung des Geschehens
- Symptome einer Reaktion auf belastendes Ereignis oder Anpassungsstörung

3. Häufigkeit
- 15 bis 20 pro 10 000
- Mädchen zehnmal häufiger betroffen
- Hohe Dunkelziffer

4. Therapie
- Ausschließlich durch Fachkräfte
- Aufdeckung des Missbrauchs ist kein therapeutisches Ziel!

5. Juristische Aspekte

- Sexueller Missbrauch ist ein Offizialdelikt, d. h. eine Anzeige kann nicht zurückgezogen werden. Die Polizei muss ermitteln, sobald sie von einem Vorfall erfährt
- Es besteht in Deutschland für Psychiater, Bezugspersonen, Beratungsinstitutionen und Jugendämter keine Meldepflicht.
- Zu bedenken: Sind Opfer, Eltern und andere Beteiligte den Strapazen zahlreicher Befragungen, Gegenüberstellungen, Begutachtungen der Glaubhaftigkeit und einer langen Verfahrensdauer gewachsen? Folgeschäden durch Prozess sind abzuwägen.

6. Hilfe bei sexuellem Missbrauch

- Ruhe bewahren, Überblick über Sachlage verschaffen, Vorverurteilungen vermeiden, keine (!) Aufdeckungsarbeit leisten
- Auf eigene Grundhaltung achten: Kann ich dem Kind Sicherheit vermitteln, auch wenn ich selbst unsicher bin?
- Das Kind erzählen lassen, keine Suggestivfragen
- Falls möglich, einen Kollegen mit einbeziehen, evtl. Supervision
- Dem Kind nicht versprechen, die Sache als Geheimnis zu behandeln
- Falls möglich: die Eltern informieren
- Schutzmaßnahmen für das Kind einleiten
- Falls erforderlich, an Beratungsstellen und Behörden verweisen (Kinderschutzbund, Jugendamt)
- Im Falle eines Notfalls: Erstversorgung des Traumas, evtl. gynäkologische Untersuchung.

7. Weiterführende Informationen

- Deutscher Kinderschutzbund
  www.dksb.de
- Deutsche Gesellschaft gegen Kindesmisshandlung und -vernachlässigung
  www.dggkv.de
- Dunkelziffer e. V. – Hilfe für sexuell missbrauchte Kinder
  www.dunkelziffer.de

Notizen

VI. Schulverweigerung

1. Schulangst
- Angst vor tatsächlichen und real nachvollziehbaren Dingen (Mobbing, Streitereien, Belastungen, Bedrohungen).
- Wird ggf. auch deutlich durch typische Stresssymptome: Einnässen, Nägelkauen oder Schlafstörungen
- Formen der Schulangst:
  Prüfungs-/Leistungsangst: Basis = überhöhte Ansprüche des Schülers, der Eltern oder der Lehrer sowie mangelnde Einordnung von Misserfolgen und Fehlern
  Soziale Phobie: Angst vor einer sozialen (negativen Bewertung) Mobbing oder Gewalt an der Schule/auf dem Schulweg
- Maßnahmen: belastende Faktoren in Zusammenarbeit mit Eltern und Lehrern verändern, meiden oder neu bewerten.

2. Schulphobie
- Angst vor Trennung von primären Bezugspersonen (seltenste Form der Schulängste).
- Eltern solcher Kinder haben häufig selbst phobische oder depressive Züge und weitere psychiatrische Erkrankungen
- Meist Kinder im Kindergartenalter und zu Einschulungsbeginn, ein weiterer Höhepunkt in der Pubertät
- Zeigt sich in starken körperlichen Reaktionen: Kopf- oder Bauchschmerzen
- Allgemeine Neigung des Kindes zu ängstlichem Verhalten oder depressiver Verstimmung
- Maßnahmen: Familienberatung, psychotherapeutische Unterstützung für Kind und Bezugsperson

3. Schule schwänzen
- Dissoziales Symptom, nicht mit Angst oder Depression verknüpft
- Jugendliche verweigern Unterricht, als Alternative werden Tätigkeiten mit der „Peer group" vorgezogen
- Beginn häufig mit der Pubertät
- Maßnahmen: s. Kap. V.7.ff.

Grundsätzlich: Nach Gründen und Ursachen fragen und sich für den Menschen und seine Persönlichkeit interessieren und nicht nur für das (störende) Verhalten.

Notizen

VII. Hochbegabung

1. Klassifikation
- Intelligenzquotient über 130 (in standardisierten Intelligenztests mind. zwei Standardabweichungen über dem Mittelwert)
- Differenzierung von Hochleistern und Hochbegabten
- <u>Hochbegabt</u> ist, wer einen IQ über 130 Punkten erzielt
- <u>Hochleister</u> ist, wer immense Anstrengungen und Aufwand in Training, Üben und Lernen investiert, um anschließend hervorragende Leistungen zu erbringen.

2. Häufigkeit
- Rund 2 Prozent der Weltbevölkerung gelten als hochbegabt

3. Gruppen
- *Talente* → nutzen ihr Potential voll aus, sind erfolgreich, gehören zu den sogenannten „high potentials"
- *Latente* → kommen mit verhältnismäßig guten Leistungen durch den Alltag, bleiben aber wegen ungenutzter Potentiale stets unzufrieden mit sich.
- *Underachiever* → verweigern jede Leistung, die über das Minimum hinausgeht (häufig aufgrund negativer Erfahrungen); scheinen ihr Talent dazu zu nutzen, gerade *keinen* Erfolg zu haben.
- *Gefährlich Entgleiste* → nutzen ihren Intellekt sehr erfolgreich, allerdings auf kriminelle oder soziopathische Weise
- *Extraordinäre* → sogenannte Höchstbegabte mit einem IQ über 140 (wie Einstein)

4. Formen der Hochbegabung
- *Intellektuell* → Fähigkeit, abstrakt und analytisch zu denken, meist sprachliche oder mathematische Begabung
- *Sozial* → hervorragende Fähigkeiten in der Gestaltung zwischenmenschlicher Beziehungen
- *Musisch* → Beherrschung eines oder mehrerer Instrumente, teils bis zur Perfektion (vgl. Mozart)
- *Bildnerisch-darstellend* → Können im Bereich des Malens, Bildhauens, Fotografierens oder Ähnlichem (Leonardo da Vinci)
- *Psychomotorisch-praktisch* → bringen in der Regel herausragende sportliche Leistungen (Michael Schumacher)

5. Hochbegabung erkennen

- Ausgeprägtes Leseinteresse
- Im Vergleich mit der Altersgruppe deutlich größerer Wortschatz und erweiterter sprachlicher Ausdruck, ggf. schon frühe Sprachentwicklung
- Breites Wissensspektrum
- Hohe intellektuelle Denkfähigkeit
- Hohes Lerntempo und hervorragendes Gedächtnis
- Wissensdurst, ausgeprägte Interessen
- Außergewöhnliche Selbstständigkeit im Urteil
- Hohe Eigenverantwortlichkeit
- Freude an intellektuellen Herausforderungen
- Sehr genaue Beobachtungsgabe
- Geringes Schlafbedürfnis

6. Problemfall „Underachiever"

- Besuchen Haupt- oder Realschulen, obwohl sie intellektuell problemlos aufs Gymnasium könnten
- Zeigen im Gymnasium teils schlechte Leistungen (Notendurchschnitt unter 3,0) bis hin zur Nichtversetzung
- Durch die beständige Deckelung eigener Fähigkeiten entstehen Angststörungen, Phobien, Depressionen oder Somatisierungsstörungen
- Zwei Problemfelder
  → Leistung wurde im Umfeld als negativ bewertet (= „Streber"), aus Angst vor weiteren Sanktionen, negativen Rückmeldungen oder Mobbing wird die Mitarbeit eingestellt.
  → Der Schüler ist chronisch unterfordert und stellt daher aus Frust jede aktive Mitarbeit ein.
  → In beiden Fällen ist eine Nichtversetzung oder das Verweisen auf eine andere Schulform kontraproduktiv

7. Förderung

- Feststellung der Hochbegabung durch standardisierten Intelligenztest (Ansprechpartner: schulpsychologischer Dienst)
- Akzeleration = Beschleunigung der Schulzeit (z. B. durch Überspringen einzelner Klassen)
- Enrichment = zusätzliche Aufgaben über den regulären Unterrichtsstoff hinaus. Achtung: Nicht *mehr* Aufgaben, sondern *andere* Aufgaben. Ggf. Verzicht auf sich wiederholenden Stoff.
- Drehtürmodell → beim Erlernen einer zweiten Fremdsprache kann dem Kind mit Hochbegabung angeboten werden, zeitgleich auch eine dritte Sprache zu lernen
- Außerschulische Maßnahmen wie Jugendakademien oder Förderkurse
- **Wichtig**: Fördermaßnahmen immer mit den betreffenden Schülern absprechen!

Notizen

VIII. Cybermobbing

1. Klassifikation
- Schüler nutzen soziale Medien, um andere Schüler zu diffamieren.
- Bedrohung oder lächerlich machen einzelner Personen bspw. durch Veröffentlichung peinlicher Bilder, Gründung von „Hassgruppen", Versenden von lächerlich machender Videos an Mitschüler

2. Folgen
- Verunglimpfungen sind häufig nur schwer bis gar nicht aus dem Netz zu entfernen, was Cybermobbing in der Folge häufig schlimmer als Mobbing macht.
- Opfer können sich dem Cybermobbing teils nicht einmal durch Umzug entziehen
- Teils Traumatisierungen und Depressionen als bleibende Folge

3. Häufigkeit
- In Deutschland sind rund ein Drittel aller Schüler von beleidigenden Angriffen über das Internet betroffen (Studie der Universitäten Münster und Hohenheim).
- Bei Lehrern sind etwa acht Prozent betroffen
- Cyber-Mobbing nimmt mit zunehmender Jahrgangsstufe zu, wird häufig als Rache eingesetzt, viele Opfer sind zugleich auch Täter

4. Verhaltensregeln
- Klären, was genau vorgefallen ist
- Nicht bagatellisieren
- Alle beteiligten Personen, Täter wie Opfer, ausfindig machen
- **Achtung:** Ohne elterliche Erlaubnis ist es nicht gestattet, Inhalte von Schüler-Handys einzusehen → Einziehen des Handys ist möglich, bei konkretem Verdacht muss es an die Polizei weitergeleitet werden.
- Frühzeitig Hinzuziehen von Jugendsachbearbeitern
- Mit Tätern und Opfern reden, ggf. Wiedergutmachung vereinbaren
- Eltern einbinden
- Thematik auch in der Schule allgemein ansprechen
- Bei Drohung, Erpressung und Nötigung ist die Polizei zu benachrichtigen

5. Prävention
- Schüler den Umgang mit Medien lehren
- Schüler und Lehrer über strafrechtliche Konsequenzen informieren
- Verhaltenskodex in der Schulordnung, der Nutzung und Umgang von Internet und Handy in und in Bezug auf die Schule klärt.
- Angebote zum Opferschutz in der Schule bekannt machen („Weißer Ring" u. Ä.)
- Schüler in die Unterrichtung der Medienkompetenz mit einbinden: Erfahrene Schüler unterrichten hier die weniger Erfahrenen.
- Vertrauen aufbauen und Opfern einen Rahmen geben, in dem sie die Schikanen ansprechen können
- Ggf. Einrichtung eines Online-Kummerkastens, bei dem Schüler auch anonym berichten können

Notizen

Literatur

Breimann, B.:
Informationsschrift zu LRS und den gesetzlichen Rahmenbedingungen

Döpfner, M.:
ADHS
Hogrefe, 2007

Döpfner, M.:
Psychische Auffälligkeiten bei Kindern und Jugendlichen
Hogrefe, 2008

Groen, G.:
Traurigkeit, Rückzug, Depression
Hogrefe, 2012

Häusler, A.:
Der TEACCH-Ansatz zur Förderung von Menschen mit Autismus
Borgmann-Media, 2012

Koeslin, J.:
Psychiatrie und Psychotherapie für Heilpraktiker
Urban & Fischer, 2007

Levine, Peter A.:
Verwundete Kinderseelen heilen
Kösel, 2011

Möller, H.-J. (Laux, Deister):
Psychiatrie und Psychotherapie
Thieme, 2005

Petermann, F.:
Aggressives Verhalten
Hogrefe, 2008

Poustka, F.:
Autistische Störungen
Hogrefe, 2009

Remschmidt, H. (Mattejat, F., Warnke, A.):
Therapie psychischer Störungen bei Kindern und Jugendlichen – ein integratives Lehrbuch für die Praxis
Thieme, 2008

Rosner, R.:
Posttraumatische Belastungsstörung
Hogrefe, 2009

Tebartz van Elst, L.
Das Asperger-Syndrom im Erwachsenenalter und andere hochfunktionale Autismus-Spektrum-Störungen
MWV, 2013

Vom Scheidt, J.
Das Drama der Hochbegabten – Zwischen Genie und Leistungsverweigerung
Kösel, 2004

Anhang

Exkurs: ICD-10
- Internationale statistische Klassifikation der Krankheiten und verwandter Gesundheitsprobleme
- Weltweit anerkanntes Diagnoseklassifikationssystem der Medizin
- Herausgeber: Weltgesundheitsorganisation (WHO)
- In Deutschland sind Ärzte und ärztlich geleiteten Einrichtungen verpflichtet, Diagnosen nach dem ICD-10 zu verschlüsseln.
- Psychische und Verhaltensstörungen finden sich im V. Kapitel des ICD-10 (Notation F00 bis F99).

Katrin Moser/Guido Kopp
Alte Poststraße 14 • 26553 Dornum
www.fiwt.de • info@fiwt.de